LA

MONARCHIE HÉRÉDITAIRE

ET SOCIALE.

LA
MONARCHIE

HÉRÉDITAIRE ET SOCIALE.

Réforme. — Stabilité.

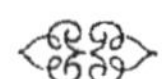

PARIS,

IMPRIMERIE FÉLIX MALTESTE ET Cie,

22, rue des Deux-Portes-Saint-Sauveur.

—

1850

LA
MONARCHIE HÉRÉDITAIRE
ET SOCIALE.

« Le pays a formulé deux vœux bien distincts :

» Sécurité ; — Réforme sociale. »

(Page 25.)

« Le *Socialisme* n'est qu'un esprit éclairé d'ardente

» charité. »

(Page 41.)

« Quiconque a du cœur est socialiste dans le vrai

» sens du mot. »

(Page 43.)

« Pour réformer un pays, pour fonder sa grandeur

» sa puissance, son avenir, il faut plus que l'exis-

» tence d'un homme;

» Il faut un principe :

« L'hérédité. »

(Page 35.)

« La République n'a-t-elle pas dit son dernier mot :

» Anarchie! »

(Page 33.)

Le *Socialisme* a pénétré dans les masses ;

Il répond à l'un des plus impérieux besoins de notre époque.

Le nier est donc impossible ;

Le combattre, injuste.

Mais il est encore temps de l'éclairer sur ses vrais intérêts, de séparer sa cause de celle du désordre et de l'insurrection, de creuser un abîme entre ces deux tendances :

Réforme ; — Révolution.

Il est temps aussi de rallier au véritable socialisme ceux qui, autorisés par de déplorables exemples, l'ont considéré jusqu'ici comme

Un appendice à l'art de voler.

Il importe enfin de réunir tous les honnêtes gens en

2

un puissant parti -national qui fasse triompher la volonté du pays.

En indiquant le seul principe qui puisse donner à à la France des garanties d'ordre et d'amélioration sociale, j'ai voulu apporter, après tant d'autres, ma petite pierre au grand édiflce de la conciliation.

Si je réussis à élever une bannière nouvelle sous laquelle puissent se rencontrer toutes les intelligences loyales, toutes les opinions sincères, je n'aurai pas perdu ma journée.

Si je ne suis pas entendu, que l'on m'applique cette parole du juste :

Pax hominibus bonæ voluntatis.

Paris, 1er mars 1850.

LA
MONARCHIE HÉRÉDITAIRE
ET SOCIALE.

Dégageons, s'il est possible, la vérité du mensonge, le sens commun de l'extravagance, le raisonnement de la passion, l'humanité de la faiblesse humaine.

Ecartons le mot pour fouiller la chose, brûlons les théories pour éclairer le principe, arrachons son masque à l'utopie, rendons à la raison son nom et ses droits.

Un parti qui a bouleversé l'Europe, qui l'a inondée de sang, écrasée de misère, s'est intitulé le parti socialiste, et aussitôt la masse des hommes honnêtes,

pressurés, insultés, assassinés, a pris en haine, en dé-
goût, en horreur, le socialisme.

Et cependant, peut-on nier qu'une réforme sociale
soit le premier besoin de notre époque? Peut-on nier
cette immense aspiration des classes inférieures vers
le bien-être et la sécurité?

Dira-t-on que c'est là une tendance funeste qu'il
faut étouffer?

Mais on n'arrête pas la marche des idées humaines :
on l'entrave quelquefois, et il en résulte secousses,
violences, révolutions et désastres.

Et lors même que vous seriez arrivés à supprimer
toute manifestation d'un besoin naturel et légitime, ce
besoin serait-il annulé aussi, et peut-il l'être?

Avez-vous le droit de repousser l'homme qui a servi
son pays, d'abord sous la tente, puis dans l'atelier, et
qui, vieux, infirme et sans famille, vous demande du
pain?

Avez-vous le droit de repousser l'homme qui, jeune, actif, intelligent, laborieux, vous présente ses deux bras et demande du travail ?

La France, direz-vous, n'est pas assez riche pour nourrir tous ses enfans.

Erreur ou mensonge. — La patrie, mère commune, n'a rien qui ne soit à tous. Le devoir du gouvernement est d'employer toutes les forces ; son droit, d'utiliser toutes les ressources. Tant qu'un pouce de terre est inculte, que pas un bras ne reste inactif ; tant qu'un citoyen manque du nécessaire, que pas un n'ait de superflu.

Cela veut-il dire : ôtons à Pierre pour donner à Paul ? Non, mais créons à l'Etat d'immenses ressources pour assurer la fortune de Pierre, le bien-être de Paul, et la prospérité du pays.

C'est le principe de l'*income tax*, principe établi par tous les gouvernemens bien assis, et que le nôtre ne fait qu'entrevoir.

Pourquoi donc sont-ils tombés, ces hommes qui avaient écrit sur leur drapeau :

Droit au Travail,

Droit a l'Assistance.

C'est qu'ils mentaient à cette devise ; c'est qu'à travers ces lignes glorieuses et saintes, le bon sens public a su lire :

Ambition, vengeance, anarchie !

C'est que la réforme sociale n'était pour eux qu'un prétexte d'introniser, celui-ci son orgueil, celui-là sa cupidité, les plus honnêtes leurs rêveries.

C'est qu'ils ont débuté par la violence et la proscription ; c'est qu'ils ont ruiné la France avant de la couvrir de sang et de deuil ; c'est qu'ils ont ouvert une large porte à toutes les haines de parti, à toutes les fureurs révolutionnaires.

Ils se vantaient d'avoir fait une révolution pacifique; le canon de Juin leur a répondu.

L'esprit de révolte et de vertige qu'ils avaient dé-
chaîné les a emportés, et ils sont tombés, couverts du
mépris et de l'exécration du monde.

On a répété souvent, et avec raison, que la révolution de Février est une révolution sociale ; pourquoi donc l'avoir inaugurée par un bouleversement politique ?

Pourquoi ces banquettes au lieu d'un trône ?

Pourquoi ces neuf cents tribuns au lieu d'un souverain ?

Vous avez voulu que le peuple fût gouverné par lui-même :

Hélas ! vous n'avez fait qu'introduire dans le gouvernement les élémens de discorde qui divisent le pays.

Vos députés n'ont représenté la nation qu'au point de vue de ses passions mauvaises, de ses luttes de classes et de partis, de ses antagonismes d'intérêts.

Combien peu, même parmi le petit nombre des hommes de conscience et de bonne foi, ont su se dégager de leurs préjugés d'enfance, de leurs affections, de leurs opinions, basées sur ce qu'ils appellent l'expérience et la raison, pour tendre ardemment à un bnt unique et sublime : le bien de la France !

Vous direz qu'une nouvelle assemblée a mieux compris ses devoirs et les besoins de l'époque; qu'elle se montre animée du meilleur esprit, disposée à restaurer les principes d'*ordre* et d'*autorité*, conditions indispensables de la viabilité d'un Etat ; qu'elle soutient énergiquement un gouvernement réparateur qui lui a déjà proposé de sages réformes et d'utiles améliorations.

Rendons pleine justice à nos nouveaux représentans, ayons confiance en leur intelligence, leur loyauté, leur patriotisme.

Mais, tant qu'ils ne feront qu'approuver la marche du gouvernement et sanctionner ses projets, je ne vois pas trop leur utilité ; et si, un jour ou l'autre (ce qu'à

Dieu ne plaise, mais ce qui est possible), une scission a lieu ; si la guerre se déclare entre les deux pouvoirs, où irons-nous ?

Qu'adviendra-t-il de la souveraineté du peuple, représentée à la fois par l'Assemblée législative voulant ceci, et par le président voulant cela ?

Si le pays donne raison à ce dernier, vous voici en plein gouvernement absolu, et votre république n'existe plus.

Si, au contraire, l'opinion paraît soutenir l'Assemblée, le pouvoir exécutif, qui dispose de la force publique, se soumettra-t-il ?

Et en supposant qu'il se soumette, quel accord pourra-t-il exister désormais entre le président humilié et la Législative triomphante, et quels bienfaits devrons-nous attendre d'un gouvernement divisé en deux partis hostiles, presque ennemis ?

Je veux admettre que pendant trois années en-

core, l'accord le plus parfait, l'entente la plus cor-
diale (comme on disait naguère), règnent entre les
deux pouvoirs. Que pendant ces trois années, les lois
les plus sages, les mesures les plus salutaires, propo-
sées sans relâche par le ministère, soient adoptées à
l'unanimité par le parlement ; que nous obtenions, en
un [mot, le beau idéal du gouvernement représentatif.

Savez-vous ce qui arrivera un an ou dix-huit mois
avant l'expiration des pouvoirs du président et de l'Assemblée ?

Chacun se dira :

« Nous venons de traverser une heureuse époque ;
» jamais nos intérêts n'ont été gérés avec plus de sa-
» gesse, jamais le peuple n'a été plus heureux ni le
» pays plus florissant... Mais que nous gardent les
» élections ? »

De là, inquiétude, perturbation, stagnation des affaires, interruption du travail, disparition des capitaux,
crise, enfin, qui ramènera la gêne, la misère, les dis-

sensions, la discorde, la guerre civile, peut-être ! Crise qui se prolongera un an ou dix-huit mois encore après l'installation des nouveaux pouvoirs, pour se renouve-ler lors qu'approchera leur péremption.

Ainsi, la république vous donnera deux ou trois années de souffrances pour chaque période de quatre ans.

Merveilleux résultat !

Mais supposons encore que les élections soient éter-nellement irréprochables, les représentans éternelle-ment sages et capables ; qu'ils s'entendent à demi-mot avec un président infaillible, introuvable, que la révi-sion de la Constitution aurait permis de maintenir pour dix ans, pour vingt ans, pour sa vie, à la tête de l'Etat.

Nous voici revenus à la monarchie constitutionnelle, sauf l'hérédité, c'est-à-dire sauf le *seul* principe utile et

raisonnable qui subsiste dans la monarchie constitutionnelle.

Et croyez-vous, par hasard, que votre présidence
perpétuelle va vous donner pleine sécurité ?

Moins qu'un pouvoir temporaire.

On peut compter, à la rigueur, sur une magistrature
de quatre ans; mais ce mot *à vie* nous rappelle immé-
diatement qu'un président est mortel, et livre nos
esprits à une continuelle anxiété.

Il semble, et non sans raison, qu'une existence sur
laquelle reposent tant de grands intérêts, soit plus ex-
posée que toute autre.

Une pierre qui tombe, un cheval qui s'abat, une
arme qui éclate, c'est peut-être la fortune de la
France qui s'écroule.

Un président cupide se ferait un revenu de cent
millions avec les fluctuations de la Bourse, rien qu'en
gardant le lit une fois par semaine.

N'espérez donc pas que le pays soit tranquille tant
que ses destinées pourront être remises en question
d'une minute à l'autre.

Voulez-vous fermement le rassurer? Rendez au
gouvernement la stabilité que peut seul lui donner
le principe héréditaire.

Si réellement vous éprouviez le désir d'essayer de la
forme républicaine, il fallait suivre le programme
de la montagne, et ne pas donner de chef à l'État.
Vous auriez eu alors une véritable République, qui
aurait duré ce qu'elle aurait pu, et qui vous aurait
menés Dieu sait où!

Une seule chambre, incessamment remuée comme

un volcan jusqu'au fond de ses entrailles, par ses
haines intestines, et balayée de temps à autre par les
passions du dehors; un peuple souverain divisé en
factions innombrables, s'insultant sans relâche, s'égor-
geant souvent....

Vous aviez le séduisant modèle de cette amélioration
politique dans votre histoire d'abord; puis, à vos
portes, aux pied des Alpes.

Mais vous avez eu peur! Vous avez voulu quelque
chose qui ne rompît pas trop brusquement les tradi-
tions d'un demi-siècle, et vous avez été emprunter la
constitution des États-Unis.

Dieu veuille que vous ne fassiez pas de la France
un triste pendant de l'Union Américaine!

Maintenant, vous sentez votre faute, vous voudriez
la réparer, mais vous n'osez pas retourner franchement en arrière.

Eh bien! je vous le dis : le salut est à ce prix.

Le pays a formulé deux vœux bien distincts :

Sécurité ; — Réforme sociale. —

Et ces deux besoins s'enchaînent de telle sorte, que l'un ne saurait être satisfait tant que l'autre reste en souffrance.

Le gouvernement, en effet, ne peut relever ia confiance publique qu'en entrant sagement, mais résolument, dans la voie des réformes, et il lui est interdit d'aborder cette voie s'il n'a déjà donné des gages de stabilité.

Or, en démontrant tout à l'heure que la forme républicaine, quelque modification qu'on lui fasse subir, est incapable d'assurer la sécurité de la nation, n'ai-je pas prouvé d'abondance son impuissance des réformes sociales.

4

˵ Voulez-vous que j'insiste sur cette impuissance ?
Voulez-vous que je vous fasse toucher du doigt l'im-
possibilité pour des pouvoirs électifs, pris dans les
meilleures conditions possibles, d'opérer d'utiles réformes ?

Je vous ai déjà montré dans l'Assemblée nationale,
le conflit de toutes les passions politiques; voyez-y
maintenant celui de tous les intérêts privés.

Dans cette chambre sont représentées toutes les
classes, toutes les professions, toutes les capacités; et
il en jaillit sur toutes les questions politiques, indus-
trielles, administratives, un immense et précieux
faisceau de lumières:

Par malheur, l'homme est toujours homme, et chaque citoyen est doublé d'un avocat, d'un financier, d'un
artisan, d'un militaire, d'un magistrat, d'un propriétaire, d'un négociant. Je veux croire que tant qu'il

s'agira de la dignité, de l'honneur, de la puissance du pays, toutes ces volontés seront unanimes et indisso- lubles. Mais, lorsque le gouvernement soulèvera, comme c'est son devoir, les grandes questions sociales ; croyez-vous qu'alors la personnalité ne reparaîtra pas?

Une réforme est indispensable ; tout le monde est d'accord à cet égard ; mais toute amélioration lèse des intérêts : le gaz a tué l'huile, le bitume a tué la dalle, les chemins de fer. vont ruiner les canaux ; est-ce à dire qu'il fallait repousser les chemins de fer, le gaz et le bitume?

Non, sans doute, l'administration et l'industrie de- vaient suivre la marche de la civilisation.

Le gouvernement est donc obligé de la suivre aussi dans les réformes sociales, dût-il en résulter une souffrance passagère pour quelques classes de la société.

Jusqu'ici, point de conteste; tant que nous nous

tiendrons dans la banalité des théories générales, nous sommes sûrs de l'unanimité.

Mais abordons la pratique ; venons demander à la tribune l'accomplissement de ces sacrifices dont la nécessité est si bien comprise.

Vous allez voir changer la scène : chacun prêchera à son voisin le dévoûment et l'abnégation, mais nul n'en voudra donner l'exemple. Le financier réclamera les droits du capital, tant méconnus ; le négociant étalera les plaies de l'industrie ; le propriétaire montrera la première richesse de l'Etat, les biens fonciers, grevés d'impôts ruineux ; l'artisan dévoilant incessamment les misères du prolétariat, réclamera le bien-être, et accusera d'insensibilité ses collègues qui ne donneront pas même le soulagement.

Vous avez vu quels déchaînemens a soulevés la simple annonce d'un impôt sur le revenu : la seule pensée d'une loi sociale a nécessité la chute d'un ministère qui semblait bien solide.

Croyez-vous qu'on eût obtenu plus d'entente en s'adressant à l'agriculture, à l'industrie, à la propriété? Mais vous avez vu la loi sur les boissons, la loi du sel, la loi des postes, la loi des quarante-cinq centimes, chaque jour remises en question.

Qui donc ralliera toutes ces volontés divergentes, tous ces intérêts contraires ? Qui ramènera à l'unité du sentiment national tant d'individualités rivales?

Sera-ce votre président ? Pauvre fantôme, en équilibre au bord d'un fauteuil boiteux qui chancelle dès que lui manque la cale de la majorité.

Supposons, pour un instant, des gouvernans moins vertueux, moins dévoués, moins patriotes que nous ne les avons faits, et joignant aux faiblesses de l'humanité les préoccupations de l'ambition.

Cela s'est vu quelquefois : cela pourra se voir encore.

Voici donc nos représentans, l'œil fixé sur le banc

des ministres, quêtant un portefeuille; ou la pensée incessamment traversée du cauchemar d'une réélection.

Essayez maintenant d'écarter l'esprit de parti, l'intérêt de clocher, le vertige des grandeurs.

Faites voter avec le ministère, dans une question cent fois juste, ce député de la montagne; faites accepter à ce représentant de la Gironde un impôt sur les vins de luxe; empêchez cet honorable, qui se rêve excellence, d'acclamer une loi particulièrement agréable au président.

Et ce dernier, le magistrat suprême, le grand régulateur des destinées de la France ; vous le verrez s'agiter, intriguer, diviser, soudoyer. Ne faudra-t-il pas qu'il se fasse un parti pour dominer l'assemblée, pour écarter les compétiteurs et conserver son pouvoir lorsque le terme en sera échu.

Entendez se croiser les accusations de complot, de

despotisme, de coups d'Etat; écoutez : l'air est plein de bruits sinistres : interruptions, menaces, démentis, insultes, provocations, voies de fait...

La république n'a-t-elle pas dit son dernier mot : **ANARCHIE!**

Pour dominer les hommes, il faut plus qu'un homme.

Pour gouverner un empire, il faut plus que la sagesse d'un homme; pour réformer un pays, pour fonder sa grandeur, sa puissance, son avenir, il faut plus que l'existence d'un homme;

Il faut un principe :

L'HÉRÉDITÉ.

L'hérédité, qui place le souverain au-dessus des passions terrestres, qui l'isole du monde et le rapproche de Dieu.

L'hérédité, c'est-à-dire l'impartialité pour juger, l'unité pour entreprendre, le temps pour accomplir.

Louis XIV disant :

« L'État, c'est moi, »

résumait dans un mot sublime la monarchie héréditaire.

Oui, prince, l'État c'est vous, car vous êtes la tête et le cœur de la patrie; sa force est votre force ; sa gloire est votre gloire ; qu'elle prospère, et votre nom sera vénéré ; qu'elle souffre : l'histoire et la postérité vous jugeront.

Il y a eu de mauvais rois, dira-t-on. — Sans doute : Après Auguste et Trajan, Néron et Vitellius. Mais alors, la chaîne héréditaire était brisée et la pourpre Césaréenne vendue au plus offrant. L'infamie des souverains commence avec la décadence des peuples.

Gardons que la France n'ait aussi son Bas-Empire !

Si la Pologne est tombée, si Rome a vu tant de papes indignes, c'est que le principe d'hérédité manquait à la couronne des Jagellons comme à la tiare de saint Pierre.

Mais, quand un noble peuple, retrempé dans l'exercice du droit national et du suffrage universel, relève un trône héréditaire assis sur les fortes bases de la liberté individuelle, du patriotisme et de la légalité ; ce trône assure au pays sa grandeur, sa prospérité et le respect du monde.

Voyez autour de vous tous les souverains de l'Europe : en est-il un seul qui sépare ses intérêts de ceux de la patrie ? Et comment le feraient-ils ? Le prince peut-il être puissant et honoré, si la nation n'est forte et grande ?

On a reproché avec justice au gouvernement de Juillet sa politique bâtarde ; mais croit-on que cette politique fût instinctive? Elle n'était qu'une nécessité d'origine et de position. Un trône issu des barricades, érigé par une minorité factieuse, incessamment menacé par des inimitiés loyales et des partis turbulens, ne pouvait se maintenir que par l'humilité au dehors, la violence et la corruption au dedans.

Mais, quand le souverain, vivante et suprême incarnation de l'esprit national, appuie sa volonté sur la volonté du pays ; alors, il est inébranlable et tout puissant. Il a, pour combattre les ennemis extérieurs, l'épée de la guerre ; pour écraser les haines intestines, le glaive de la loi, et mieux encore : la CLÉMENCE, qui n'est permise qu'aux forts.

Alors aussi, dominant par sa mission presque divine, les intrigues et les passions de ce monde, il juge de haut les hommes et les intérêts, tous égaux à ses pieds. Son esprit, dégagé de toute préoccupation personnelle, ne s'attache qu'aux droits sacrés de la patrie et de l'humanité. Partout où son regard aperçoit une souffrance, sa pensée en recherche, en pénètre la cause, en découvre le remède que sa vigilance applique aussitôt, sans secousses, sans récriminations, sans violences ; car sa bonté prévient les conflits, apaise les dissensions, désarme les résistances.

N'oublions pas que le prince est véritablement le père de cette grande famille que Dieu lui a donnée à régir.

Et quel père n'a dans le cœur le vœu sublime du bonheur de ses enfans.

Vous tous donc, pour qui le Socialisme n'est qu'un esprit éclairé d'ardente charité ;

Vous tous, hommes loyaux et sincères, qui ne voyez dans la réforme sociale que des misères à soulager, des besoins à satisfaire ;

Laissez à leurs utopies ces sectaires qui vous égarent ; séparez-vous de ces furieux qui cachent leur drapeau sanglant sous l'étendard du bien public.

Ralliez-vous avec nous au principe tutélaire, qui peut seul donner à la nation la sécurité, au citoyen, le bien-être : ralliez-vous à la monarchie héréditaire.

Et vous, âmes honnêtes trop longtemps timorées,

cessez de vous épouvanter du socialisme ! On a fait de ce mot une menace et un opprobre en haine des insensés qui l'ont souillé ; et cependant quel homme illustre, quel homme de bien n'a pas été socialiste, c'est-à-dire :

Ami de la société.

Louis IX le saint roi, Louis XI affranchissant les communes, Louis XII le père du peuple, Henri IV le vainqueur magnanime, Napoléon, écrasant l'anarchie et dictant son code immortel ; tous ces grands princes étaient des souverains socialistes.

Fénélon soignant les hérétiques, Vincent de Paul recueillant les orphelins, l'abbé de l'Épée créant aux muets un langage, étaient des socialistes sublimes.

Et nous tous, frères, ne sommes-nous pas socialistes aussi, quand nous prélevons sur nos plaisirs, sur nos besoins souvent, une aumône pour le pauvre.

Louis d'or ou monnaie de cuivre, le chiffre n'est rien : la pensée est tout.

Quiconque a du cœur est socialiste dans le vrai sens du mot.

Portons donc fièrement ce titre, auquel ont droit toutes les nobles âmes pour l'éternel honneur de l'humanité.

Unissons-nous dans une sainte pensée de concorde et de fraternité ; réclamons hautement les réformes sociales qui doivent assurer au pays sa prospérité, au riche le libre usage de sa fortune, au pauvre le travail et l'assistance.

Relevons un pouvoir populaire et indépendant, modérateur souverain de l'esprit national, seul gage possible de sécurité, d'union, de patriotisme.

Mais quand nous aurons fait beaucoup, ne croyons pas avoir tout fait.

L'établissement d'une puissance n'est rien sans la soumission à cette puissance; la loi est morte sans l'obéissance à la loi.

Souvenons-nous que celui qui a été appelé, à juste titre, le plus grand des socialistes, a dit :

« Rendez à César ce qui est à César. »

Fondons un gouvernement fort, libéral, éclairé, puis retirons-nous de la mêlée.

Si, dans les jours de crise, le concours de tous les citoyens est un devoir et une nécessité pour le salut de la patrie, il devient un péril lorsque le calme est revenu.

L'intervention des masses dans la direction des affaires ne peut amener que le désordre : elle entretient l'agitation du pays, la division des partis, et donne des forces à cet esprit d'opposition qui nous a déjà fait tant de mal.

Pour que la nation reste unie, que l'industrie prospère, que l'agriculture se ranime, que l'abondance renaisse ; il faut qu'après le danger, chacun retourne à son œuvre interrompue, laissant la politique aux législateurs, et confiant l'avenir au libre jeu des institutions.

Renonçons à ces irritantes discussions qui rangent des concitoyens en deux camps hostiles, qui opposent le fils au père, le frère à son frère ; qui brisent des amitiés d'enfance, et pour quel résultat ?

Vous l'avez vu.

Un gouvernement qui avait donné à la France quinze années de paix et d'une prospérité inouïe, qui avait fermé des plaies profondes, restauré nos finances épuisées ; qui venait, enfin, par la conquête d'Alger, de relever notre honneur militaire ; ce gouvernement est tombé en trois jours sous les coups d'une opposition déloyale.

Avec lui est tombée la fortune du pays.

Il y a vingt ans de cela, et les conséquences de cette révolution nous poursuivent encore. Elles nous ont amenés, de désastre en désastre, à la ruine de la patrie, et, peu s'en est fallu, à la perte de la société.

L'Europe a pris notre nom en horreur et en mépris; elle nous a traités en parias ; la France, LA FRANCE ! n'a plus été pour elle qu'un repaire de bandits !

Et l'Europe avait raison : car, voyez quels maux a produits le seul contact de nos idées révolutionnaires.

Voyez l'Allemagne et la Sicile soulevées contre leurs princes légitimes, la Hongrie insurgée , l'Italie livrée au vandalisme.....

C'en était fait de la civilisation, si l'honneur national ne s'était réfugié, comme toujours, sous les drapeanx; s'il ne s'était trouvé des souverains dont l'âme grande et ferme a compris qu'ils ne pouvaient déserter le poste que Dieu leur a confié.

Le pr nce n'a pas le droit d'abdiquer sa couronne, car sa couronne n'est pas à lui; elle appartient au pays entier dont elle émane et dont elle résume l'indépendance et la prospérité.

A celui qui se retire de la lutte, la responsabilité des résultats.

Tant qu'il reste au roi un soldat, un tronçon d'épée, qu'il combatte; l'esprit national le soutiendra, et il sauvera la patrie.

Mais si la terreur a comprimé l'élan des populations, si une poignée de factieux intimide la masse des honnêtes gens, si la force publique est impuissante contre le déchaînement des passions mauvaises; que le prince se souvienne alors que tous les trônes sont solidaires, que quiconque touche à l'un ébranle l'autre; et qu'il invoque l'appui des souverains, ses frères.

C'est ainsi que de Naples au Holstein, de Bade à Comorn, le droit a triomphé par l'énergie des gouvernans.

Le principe monarchique a délivré le monde ; il ti-
rera la France de son abaissement et de sa misère, il
lui rendra la puissance et la splendeur dont il l'avait
déjà dotée, et dont, hélas ! elle est déchue aujourd'hui.

Et ne craignez pas, amis, pour vos libertés si chè-
rement acquises ; nul ne songe, croyez-moi, à y porter
la main.

Nous vivons dans un siècle où chacun sait que la
liberté du citoyen fait la sécurité du prince;

Acceptons franchement le passé.

Préparons loyalement l'avenir.

Faisons la voie facile au gouvernement en ne lui demandant que ce qu'il peut donner.

Des réformes politiques, nous en avons assez, bien assez.

Combien ont combattu pour acquérir des droits qu'ils ne peuvent se décider à exercer. Combien de ces héros de Juillet et de Février manquent à l'appel de la garde nationale et des élections.

Ce sont des réformes sociales qu'il nous faut.

On a conféré le droit électoral à l'ouvrier, au manœuvre ; tant mieux, car ce qu'on ne prévoyait pas est arrivé : le suffrage universel a sauvé la France.

Maintenant, assurons à ces électeurs improvisés du travail et du pain.

La réforme est dans l'air ; l'Europe entière l'accepte, la Turquie l'a subie, et cet immortel Empereur qui, depuis vingt ans, oppose sa vaillante épée à l'esprit révolutionnaire et le contient par la terreur de son nom, ce Czar que nos démagogues ont désigné à votre haine, vous ignoriez, n'est-ce pas, qu'il fût le plus grand réformateur de ce siècle.

C'est qu'il n'entend pas le progrès comme nos orateurs de club et de taverne.

Il ne veut pas affranchir des esclaves pour les jeter à la fainéantise et à la misère, il ne veut pas reproduire dans son vaste empire les désordres de nos colonies.

Il veut donner à ses sujets des droits sociaux avant de leur confier des devoirs politiques.

Il veut créer des hommes avant de faire des citoyens.

L'Empereur Nicolas relève en Russie le sentiment national et dote son pays d'institutions plus généreuses, plus larges, plus progressives que la plupart de nos institutions françaises ; mais en même temps!, son gouvernement réprime le désordre avec uné main de fer.

N'appelez pas cette autorité tyrannie, car l'honnête homme n'a rien à craindre de la loi, et ne peut attendre du souverain qu'appui et protection.

Il existe un proverbe russe qui vaut mieux qu'une charte :

« Au-dessus du serf, le noble ; au-dessus du noble, » le Czar ; au-dessus du Czar, Dieu ! »

Aussi, voyez la prospérité de ce peuple, qui donne à son Empereur le nom de père ; voyez les immenses résultats de cette puissante concentration des pouvoirs !

La Russie est maintenant à la tête des nations, et si nous continuons à déchoir, elle obtiendra l'empire du monde.

Pour arriver au même succès, employons les mêmes moyens, en les combinant au point de vue de nos mœurs, de notre civilisation.

N'oublions pas que le pays est las de ses divisions, de ses discordes ; et que l'anarchie n'aboutit jamais qu'au despotisme.

Allons au-devant d'une catastrophe.

Donnons à la patrie les gages d'avenir et de stabilité qui lui manquent :

Trône indépendant et libre, réforme sociale sage, éclairée, prudente ;

Et la France, heureuse et régénérée, reprendra bientôt en Europe le rang et l'influence qui lui appartiennent.

FIN.